Berthold Auerbach

Goethe und die Erzählungskunst

Berthold Auerbach

Goethe und die Erzählungskunst

ISBN/EAN: 9783741124631

Hergestellt in Europa, USA, Kanada, Australien, Japan

Cover: Foto ©Andreas Hilbeck / pixelio.de

Manufactured and distributed by brebook publishing software
(www.brebook.com)

Berthold Auerbach

Goethe und die Erzählungskunst

Goethe

und

die Erzählungskunst.

Vortrag,

zum Besten des Goethe Denkmals gehalten in der Sing Akademie zu Berlin

von

Berthold Auerbach.

Stuttgart.

J. G. Cotta'scher Verlag.

1861.

Vorbemerkung.

Am 21. Februar, am Todestage Spinoza's, hielt ich diesen Vortrag. Er erscheint hier mit einigen Erweiterungen, die bei der Zeitbeschränkung ausgeschieden bleiben mußten. Diese Betrachtungen sind nur ein selbständiger Eindruck beim Wiederlesen der drei Goethe'schen Hauptromane, um die Technik des Meisters zu studiren.

Es ist die echte Weihestimmung zur Errichtung eines Denkmals, wenn man vorher Herz und Sinn der Zeitgenossen allseitig in das Wesen des Gefeierten einzuführen trachtet. Die innere Auferstehung wird dann zum Standbild.

Die öffentlichen Vorlesungen haben die exclusiv ästhetischen Kreise erweitert; bei aller Verehrung und Erwärmung für die Heroen unsres Geisteslebens, wäre es aber traurig, wenn die öffentlichen Vorlesungen sich nur panegyrisch hielten. Besonderheiten und Unzuträglichkeiten auch bei den erhabenen Größen zu erkennen, löst die Verehrung nicht auf.

Noch liegt ein großer Zeitraum vor uns, in dem wir die Errungenschaften der besten Geister immer mehr zum Gesammtgut zu

Auerbach, Goethe und die Erzählungskunst   1

machen haben; noch wird lange keine ebenbürtige Epoche der Geister wieder erscheinen, nie und nimmer aber darf das Gegebene als das Absolute gelten, dem wir uns nur rückwärts anzubilden hätten; die Bewegung des Geistes ist eine ewig fortschreitende, zunächst in der Erkenntniß, der sich in kommender Zeit wieder entsprechende Kunst=gebilde anschließen müssen.

„Welchen Leser ich wünsche? Den unbefangensten, der mich,
Sich und die Welt vergißt und in dem Buche nur lebt.“

Diesen Wunsch konnte Goethe nur vom Leser hegen,
das heißt von demjenigen, der ein Werk der Dichtung
zum erstenmal in sich aufnimmt; nur der ist ein
Leser. Wer aber ein Werk der Dichtung sich wiederholt
vergegenwärtigt, ist ein Freund des Dichters und seiner Be=
trachtungsweise oder ein Kunstverständiger. — Goethe's Genius
hat die Macht, daß der Kunstverständige auch sein Freund ist.
Wir alle sind keine Leser Goethe's mehr, die sich, ihn und
die Welt vergessen und im Buche nur leben.

Wir lesen Goethe wiederholt. Aus dieser Thatsache
können wir sofort den allgemein geltenden Satz entnehmen:
eine Dichtung, die nicht zum wiederholten Lesen reizt, ja,
solches nicht verträgt, indem sie nichts Neues mehr bietet,
war auch des ersten Lesens nicht werth. Das zweite Lesen
kann gleichsam als Garantie des Bestehens bei einem dichte=
rischen Kunstwerke angesehen werden. Wie es derselbe Mensch

ist, der in einem andern Zeitalter seines Lebens das Werk
wieder aufzunehmen vermag, so liegt darin auch die Gewähr,
daß einem ganz andern Zeitalter der Menschheit die Wieder-
aufnahme gegeben sei.

Wir treten in die Natur hinaus, wie sie im Frühling
erwacht, es sind dieselben Bäume, die blühen, die gleichen
Blumen, die sprießen, es ist der gleiche Vogelsang, der durch
die Lüfte schallt, derselbe blaue Himmel, der sich darüber
wölbt — die Dinge sind nicht neu, sie werden uns nur
wieder neu und wir begrüßen sie mit frischer Lust und
erkennen stets Neues in ihnen, je nach unserer Stimmung,
je nach den Fortschritten unserer Entwickelung. Goethe's
Schöpfungen gleichen auch hierin den Naturprodukten: sie er-
schließen uns stets einen neuen Inhalt.

In der Abhandlung „der Sammler und die Seinigen"
(Brief 2) sagt Goethe: „Jeder fühlende wohlhabende Mann
sollte sich und seine Familie und zwar in verschiedenen Epochen
des Lebens malen lassen," um das Wandelnde und das Be-
harrende in der Erscheinung zu vergegenwärtigen. So kann
man wohl sagen, daß Goethe's Dichtungen (zumal die an
Betrachtungen reichsten, wie „Wilhelm Meister" und „Faust")
uns auf jeder Stufe der Entwickelung das Bild unsres
Innern vor Augen stellen. Wie wir sie dann und dann
begreifen und fassen, wie sich die Conception des Ganzen
uns aufbaut und die einzelnen Tiefblicke sich uns erhellen,

daran haben wir einen Gradmesser unserer fortschreitenden Entwickelung.

Inmitten eines reichbewegten mannigfach ausgestalteten Lebens, nachdem er die systematische Weltbetrachtung Spinoza's sich nach seiner Weise zu eigen gemacht, oder vielmehr als seine eigene erkannt — da gibt Goethe das Bekenntniß: „Ich war dazu gelangt, das mir inwohnende dichterische Talent ganz als Natur zu betrachten." (Wahrheit und Dichtung Buch 16.) Mit diesen Worten hat Goethe jenen Punkt bezeichnet, wo sich die Linie des reinen Seins und des Erkennens durchschneidet und Eins wird. Mit diesen Worten hat er die Formel gegeben, wie er selbst sein Genie begriff und wie wir es ihm nachbegreifen lernen müssen. Weder Natur, Naivetät allein, noch die Erkenntniß allein schafft ein Genie und aus ihm ein Werk des Genies. Natur und Erkenntniß sind die beiden Seiten einer und derselben genialen Substanz. Goethe war eine Natur. Er konnte sich in jedem Moment des Daseins und dichterischen Schaffens auf das naive Walten des ihm eingeborenen Genius verlassen. Aber in der Erkenntniß schaute er und hielt er hoch diese Natur, und bereitete ihr die gedeihlichste, ihrem innersten Gesetze entsprechende Ausbreitung. Er ließ Welt und Leben auf sich einwirken, er sog die Elemente des Daseins in sich auf und ließ sie zu Zweigen und Früchten am Baume seines Lebens werden. Er übte die ewigen

Gesetze der Kunst, er kannte sie, aber sie waren ihm nicht äußere Gesetze, sie waren seine Natur. — Goethe hat sich rein und frei nach sich selbst gebildet. Es gab für ihn kein äußerliches Muster und Vorbild. Er lebte sich selbst aus, ohne Anlehnung an ein von außen gegebenes Dogma in der Kunst wie im Leben. Was er aus dem vielgestaltigen und vielbewegten Leben und was er von den beiden erhaben= sten Geistern des Dichtens und Trachtens, Shakespeare und Spinoza, in sich aufnahm, faßte er nur als Treibkraft für das, was die Natur in ihn gelegt.

Wenn nach dem Ausspruche Spinoza's derjenige Mensch der freie ist, der nach den innersten Naturgesetzen seines wahren Selbst handelt und lebt, so ist Goethe dieser homo liber. Goethe war eine Natur und erkannte sich selbst als solche. Die freie Erkenntniß hebt das Naturwalten nicht auf, sie erhebt es, sie erhebt das Sein zum Bewußtsein.

Und so löst eine intellectuelle Betrachtung der Goethe= schen Werke den unmittelbaren natürlichen Eindruck derselben nicht auf, so wenig es Goethe's unmittelbare Naturkraft auf= löst, daß er diese Natur achten lernte. Der Leser liebt Goethe, der Kenner verehrt Goethe, und Verehrung ist be= wußte freie Liebe zu einem Höhern.

Goethe hat sich mehrfach theoretisch über die Erzählungs= kunst ausgesprochen (besonders auch im Wilhelm Meister Buch 5, Capitel 7). Es handelt sich hier aber darum

unmittelbar aus den drei Haupterzählungen Goethe's die Ge-
setze zu schöpfen, die er selbst in Anwendung brachte. —
Goethe selbst würde es nicht billigen, wenn wir aus seinen
Werken eine ästhetische Dogmatik ausziehen wollten; er würde
es aber gelten lassen, wenn wir die seinen Schöpfungen in-
wohnende Gesetzlichkeit uns veranschaulichen und dabei auch
auf das hinweisen, was uns als Abirrung erscheint.

Es fehlt uns ein Werk, das für die erzählende Kunst
das wäre, was Lessings Dramaturgie für die dramatische
Kunst geworden. Wenn indeß Lessing seinen Sultan Saladin
sagen läßt: „Gute Geschichten schön erzählt, liebe ich," so
sind damit die Endbedingungen der Erzählungskunst allgemein
bezeichnet. Aber worin besteht das Wesen einer guten Ge-
schichte und die Bedingung des schönen Erzählens? Eine
allgemeine Beantwortung ist kaum möglich. Hier, wie in
aller Kunst, läßt sich Form und Inhalt nicht von einander
ablösen. Die Geschichte muß gut sein und schön erzählt.
Darum läßt sich auch beim Augenmerk auf die technischen
Bedingungen der Goethe'schen Erzählungskunst die Betracht-
nahme des stofflichen Inhalts nicht ausscheiden. Die beiden
Fragen: welche Stoffe sind der Erzählungskunst gegeben
und welches ist die ihnen gemäße Vortragsweise, fließen in
einander. Wir lernen am besten am einzelnen Mustergül-
tigen, was eine gute Geschichte und was schön erzählt
heißen mag.

Keine andere Nation hat einen Dichter ersten Ranges, der alle Gebiete der Dichtung in solcher Weise umschloß, wie Goethe: die Lyrik in einer Vollendung, daß neben Homer als Epiker, Shakespeare als Dramatiker, Goethe als Lyriker in gleichem Range steht; dazu das Drama und die metrisch gebundene, sowie die durch den Vortrag in Prosa uns näher gerückte epische Dichtung.

Von seinem dreiundzwanzigsten bis in sein zweiundachtzigstes Jahr kehrte Goethe immer wieder zur erzählenden Dichtungsform zurück. Ja, Goethe's Leben selbst erscheint als eine breit angelegte, ruhig und bedachtsam ausgeführte epische Dichtung. Es sind darin keine dramatisch sich gipfelnden Wendepunkte, wie in Schillers Leben die Flucht aus Stuttgart u. A. Goethe's Leben an sich nimmt den rein epischen Verlauf, und er selbst hat darin Vieles so umfassend angelegt, als ob er durch Divination die lange Lebensdauer gekannt hätte. — Wenn ein neidisches Geschick uns Goethe im sechsundvierzigsten Lebensjahre entrissen hätte, wie Schiller — wir hätten an ihm weit mehr Fragmente und ungelöste Plane zu beklagen, als bei seinem früh dahingerafften edlen Genossen.

Dreiundzwanzig Jahre war Goethe alt, als die „Leiden des jungen Werther" erschienen. Mit diesem Buche steht die Apollo-Gestalt des Jünglings Goethe vor uns, auf dessen Wangen ewige Jugendröthe glüht.

Der starke schöne Jüngling empfand das verzehrendste Weh, aber seine Natur — er durfte sie jetzt schon achten lernen — war stark und fest gebaut; das, worin ein Anderer seine ganze Lebenskraft ausbraucht, das lebt er in wenig Monden aus und lebt und dichtet sich frei davon.

Das gewöhnliche Zeitmaß ist für den Dichter selbst ein anderes. Etwas von jener zusammengedrängten Kraft, das ein umfassendes, welt= und lebensgeschichtliches Ereigniß in drei Theaterstunden vor uns abspielen läßt, steht in der Seele des Dichters und gibt seinen Stunden, Tagen und Jahren eine ungemessene Ausdehnung.

Noch ganz nahe dem unmittelbaren Ereigniß dichtet Goethe den Werther. Wenn wir nach dem Kalender rechnen, sind es so und so viele Monate seit Goethe Wetzlar verlassen, aber die Tage des innern Dichterlebens zählen sich nicht nach dem Kalender. —

Der Dichter als Erzähler zeitgenössischer Vorkommnisse tritt noch vielfach persönlich in das Gebilde ein. Es ist der Dichter selbst noch, der erzählt, während das Drama bereits der Kundgebung durch Andere anheimgestellt ist. Goethe behandelte in der Erzählung nur Stoffe aus der Gegenwart und Thema's, an denen er sich persönlich oder culturgeschichtlich betheiligte. Nie griff er zum historischen Roman.

Unmittelbar nach dem Drama: „Götz von Berlichingen" schrieb er den Roman: Werther. — Der dramatische Held imponirt bis zur Bewunderung durch Willens= und Thatkraft und durch große Zwecke. Worin imponirt Werther, daß er so unsere Theilnahme zu gewinnen und festzuhalten vermag? Es bedarf keines großen Scharfblickes, um bald zu erkennen, daß Werther an Charakterschwäche leidet, daß er, wenn man den schärfsten Ausdruck zugeben will, ein verhätscheltes Mutter= söhnchen ist, das sich selbst verhätschelt. [1] Und doch kann man auch sagen: Werther imponirt; er zwingt den Leser, daß er ihm theilnehmend auf Schritt und Tritt folge. Seine ganze Kraft besteht in der Energie der Empfindung. Diese macht ihn liebenswürdig und reißt den Leser zu ihm hin und mit ihm fort. Werther wirkt rein sympathisch.

Es gibt kein zweites Buch, das eine solche Einheit der Stimmung, eine solche zwingende Gewalt der Empfindung in sich schließt, wie Werther. Die Todesschauer der über= schwellenden Jugendkraft, das Stürmen und Drängen, die Schranken des getheilten Seins zu durchbrechen, die der vollen Persönlichkeit immer nur die Bethätigung einer ver= einzelten Kraft gestatten; Alles das ist nie gewaltiger und zugleich naiver geschildert worden, und in diesem Sinne ist Werther die logisch gerade Ueberleitung zum Faust. Werther wagt nur den Schritt, den Faust am Ostermorgen thun wollte.

---

[1] Er schreibt selbst am 13. Mai: „Ich halte mein Herzchen wie ein krankes Kind: jeder Wille wird ihm gestattet."

Das Thema des Romans ist so einfach, so schlicht; es
ist, als ob wir jenes Volkslied hörten:

> „Und wenn zwei Knaben
>
> Ein Mädchen lieb haben,
>
> Das thut ja niemals nicht gut.“

Aber wie bis ins innerste Herz alles Empfindungslebens
vertieft ist hier Alles. Das ist die größte Kraft der Kunst:
nicht durch Häufung der Motive wird die Mannigfaltigkeit
des Lebens erzeugt, sondern vermöge der innerlich triebkräf-
tigen Entfaltung des einheitlichen Kernes. Und nicht in der
Erfindung neuer, überraschender Conflikte, sondern in ein-
fachen Thatsachen eröffnet sich die unerschöpfliche, ewig frische
Quelle der Poesie.

Hier tritt die Kunst in ihre richtige Parallele mit der
Natur, die ewig dasselbe einfach Gesetzte hervorbringt und es
ewig neu werden läßt, die jedes Organische so bildet, daß
es sich selbst hält und trägt und keiner äußern Stütze bedarf.

Goethe liebte es selbst, ein geschaffenes Werk zu schema-
tisiren, das heißt, die nackten Grundlinien seines Aufbaues
herauszuheben. Hier haben wir bereits eine Bedingung dessen,
was eine gute Geschichte zu nennen ist. Lassen sich nicht die
einfachen Grundlinien des Aufbaues leicht ausziehen und be-
stimmt wieder geben, läßt sich nicht kurz und kenntlich die

Axe bezeichnen, um die sich das Ereigniß dreht, zeigen sich vielmehr vielfältige Vernietungen und Verknotungen und beruht die Wirkung hauptsächlich in dem Ornamentalen, so liegt im Grundwesen eine Unzuträglichkeit, die den Einsturz und die Verwitterung im Lauf der Zeit unabwendbar macht.

Der berauschende und gefangennehmende Inhalt des Werther läßt nicht leicht dazu kommen, das einfach Faktische abzulösen. Und doch lernen wir durch solche Ausscheidung die Natur und die Kunst des Dichters neu kennen. — Ein junger Diplomat bringt einen müßigen Sommer auf dem Lande zu. Er lernt ein Mädchen kennen und lieben, das mit einem Andern verlobt ist; er kehrt wieder ins Amt zurück, wird als Bürgerlicher im Tiefsten gekränkt und abgestoßen, geht wieder seiner Liebe nach und endet im Selbstmord.

Gerade dadurch, daß wir bei diesem Kunstwerke die Urbilder der Gestalten wie der unmittelbaren Lebensempfindungen aktenmäßig haben (in den Kestner'schen Briefen), gerade dadurch lernen wir neu die künstlerische Kraft Goethe's kennen. Goethe läßt Werther wie Shakespeare's Romeo aus einem eben abgebrochenen Liebeshandel vor uns erscheinen. Werther erzählt leichthin, daß er mit Leonoren getändelt habe und die ihm entgegengetragene Liebe nicht erwiedern könne. Wir ersehen dadurch sofort, daß Werther ein liebenswerther Jüngling ist, und sind nun auch um so mehr betheiligt, wenn wir ihn weiterhin einer unerwiederten Liebe gegenüber sehen. —

Vieles, was als überraschende Thatsache aus dem Leben ein ergiebiges Motiv scheint, läßt Goethe unbenutzt fallen; so z. B. daß der junge Jerusalem von Goué's Selbstmord hörte. Hätte Goethe dieses Motiv aus der Wirklichkeit aufgenommen, so würde er damit den Eindruck der wirklichen Katastrophe geschwächt haben. Goethe setzte dafür die Liebe des Bauernknechtes, den Werther am letzten Abend als Mörder sieht; er fügt noch den Blumensammler ein, und der Umstand, daß Werther=Jerusalem sich ertränken will, ist zum ergreifenden Bilde der Ueberschwemmung verwendet. Da sind auf einmal alle die trauten Plätze verwüstet und auf dem Lieblingssitz unter der Linde, wo wir im Sonnenschein den Homer gelesen und die Kindergruppe gezeichnet haben, da liegt jetzt eine blutige Leiche. Das Chaos, das sich in der Subjectivetät des Helden ausbreitet und Alles in eine einzige Empfindung auflöst, erscheint äußerlich in Natur und Menschengeschick wie eine vorbedeutende, zwingende, große Schicksalsgewalt. Während der junge Jerusalem nach den uns vorliegenden Berichten schwer zu kämpfen hat im Gedanken an Eltern und Geschwister, löst der Dichter den jungen Werther von allen Familienbanden ab. Daß er das einzige Kind einer Wittwe ist, wird nur leichthin angedeutet. „Bringe das meiner Mutter in einem Kästchen bei," schreibt er einmal kurz dem Freunde Wilhelm. — Es kommt hier darauf an, daß die ganze innere Lebenskraft des Helden wie die gespannte

Aufmerksamkeit des Lesers auf den Punkt einer einzigen Leiden=
schaft gesammelt wird. Jedes Dazwischentreten anderer Motive
und Conflikte würde die sympathische Erregtheit unterbrechen
und peinlich machen. Werther ist die Tragödie der ganz allein
auf sich gestellten Subjectivetät, die nichts von den Schranken
und den Vereinbarungen der objektiven Welt kennt und will;
sie will nur sich ausleben.

Der Baum, der auf einsamer Höhe steht, breitet von
unten auf all sein Gezweige frei und unbehindert aus, aber
ein gewaltiger Sturm reißt den Alleinstehenden auch nieder.

Werther ist als Kunstwerk einfach gebaut. Er ist ein
rein innerliches Leben, man kann sagen ein psychologischer
Befund, und doch ist Alles so angelegt, daß sich die That=
sachen reimen, jede Empfindung — so abgerissen und lose Alles
erscheint — es ist zum Ganzen harmonisirt. In den höchsten
Scenen zwischen Lotte und Werther, in jenem Selbander,
wo jede Handhabe des Wortes abbricht, tritt durch das Vor=
lesen Ossians eine Stimmung ein, als ob wir einer Musik
zuhörten, die unser Empfinden wieder ins Elementarische auf=
löst. Es vermittelt sich ein Zusammensein, das fast unper=
sönlich ist, nur gebunden und zusammengefügt durch einen
allgemeinen elementarischen Ausdruck.

Die Briefe Werthers beginnen im Mai. Wir leben die
Empfindungen eines Genesenden mit, der Alles wie mit
staunendem Kindesauge in sich aufnimmt. Der Sonnenschein,

den Werther in sich eindringen fühlt, durchströmt auch uns
und schon im siebenten Briefe sind die Worte hingeworfen
von dem „süßen Gefühl der Freiheit im Herzen, und daß
man diesen Kerker — das Leben — verlassen kann, wann
man will." Das ist ein Aus=der=Scheide-Ziehen und Blinken
des Dolches, das der Leser bald wieder vergißt, aber wenn
wir am Ende stehen, wird uns klar, wie nichts zufällig,
sondern der Reim der Thatsachen von früh angelegt ist.

Für diesen Roman, in dem die reine und absolute
Subjectivetät waltet, gab es nur Eine Darstellungsform, die
absolut subjective, die Briefform, die in gleicher Weise auch
von Jean Jaques Rousseau in der „nouvelle Héloïse“
angewendet wurde.

Der Brief schließt die ungebundenste Lyrik in sich und
hat nicht einmal die Nöthigung einer in sich geschlossenen
formalen Abrundung, wie das lyrische Gedicht. In der
Briefform begiebt sich der Dichter der wirksamen Motive,
daß wir sehen und erfahren wie der Held in den Augen
Anderer erscheint; auch die gegebene Welt sehen wir nicht
in verschiedenen Betrachtungsweisen, sondern immer nur, wie
sie dem Schreibenden erscheint. Von den beiden Haupt=
wirkungen, die den Effekt hervorbringen — Sympathie und
Spannung — ist Sympathie fast ausschließlich wirksam;
daher bedarf der Dichter der größten innern Energie, um
unsere Sympathie stets lebendig zu erhalten, so daß uns

Alles, auch das Zufälligste was der Held erlebt, von Belang ist.

Es sind viele Abbreviaturen im Ausdruck, wie es eben der Brief mit sich bringt. Der Briefschreibende steht in einem Zwischenreich zwischen Alleinsein und Gemeinsamkeit, der Stimmungsbrief ist Monolog, gehalten in dem mehr oder minder klaren Bewußtsein eines aufnehmenden Gegenübers. Der Brief als dichterische Form macht den Leser zum Vertrauten, so daß er unwillkürlich mit in den Bannkreis eintreten muß. Wir könnten diese monologische Schwüle Werthers, dieses stetige Selbstleben nicht ertragen, wenn uns der Dichter alles dies als Erzähler berichten wollte. Indem der Dichter dadurch selbst aus der Atmosphäre heraus getreten wäre und den Leser zur Wahrnehmung kommen ließe, daß es noch ein anderes Leben außerhalb gibt, wo man freier aufathmet — die Rückkehr in die gebannte Schwüle und das Verweilen in ihr wäre unerträglich.

Selbst Freund Wilhelm, an den Werther seine Briefe richtet, verschwindet ganz. Der Dichter gibt uns keine seiner Antworten, wir lesen sie nur aus den Bezugnahmen Werthers heraus. Der Vertraute, dessen das Drama oft bedarf, um uns als Zuschauer zu instruiren, verflüchtigt sich hier ins Unpersönliche. Wir alle sind die Vertrauten Werthers und wir stehen in jener Mitleidenschaft, die uns der offne Einblick in die Herzensgeheimnisse eines Anderen abnöthigt.

Die feinste Kunst Goethe's zeigt sich in den Verbindungs stücken zwischen den Briefen.

Da ist ein behutsames, geräuschloses Auftreten, wie beim Sprechen im Nebengemache, wo, nur durch eine dünne Wand geschieden, ein Schwergeprüfter leidet und endet. Da ist eine Discretion des Ausdrucks, ein lindes Ueberleiten, wie mit halben Tönen, in denen doch die Energie innerer Gebanntheit sich ausdrückt. Wir halten selber den Athem an, wo wir den Andern innerlich so sehr bewegt und belastet sehen. — —

Treten wir heraus aus dieser Schwüle, aus dieser um und um wie mit einem Zauber umstrickenden Schöpfung, in der wir, so oft wir uns hinein begeben, den Rhythmus des Pulses beschleunigt und zittern fühlen. — Jetzt, im freien Ueberblick, bei ruhiger Betrachtung, hebt sich die Kunst der Composition, der Charakteristik der Personen und der Vortragsweise klar heraus. Werther und Lotte, die beiden Hauptfiguren, zeigen sich scharf und bestimmt, nur die Figur Alberts hat etwas Unsicheres in der Zeichnung, weil hier Goethe offenbar die Züge seines Freundes Kestner verwischen und unkenntlich machen wollte und doch keine andere Person für ihn einstellen konnte und durfte. In der Figur Alberts zeigt sich die Behinderung, die sich der Dichter auferlegt, wenn er, dem Leben nahe gerückt, doch das Unmittelbare aus Schonung und Rücksicht nicht lebenskenntlich fassen mag.

Unwillkürlich aber wird hier — und das ist das eigene, unabhängige Selbst, das eine Dichtung gewinnt, so daß der Schöpfer selbst nicht mehr unbedingt frei über sie schalten kann — unwillkürlich wird diese Physiognomielosigkeit Alberts zu einem eigenen Vorzuge der Dichtung. Werther hat kein rechtes Auge für den Verlobten seiner Geliebten, er ist ihm nicht eine Persönlichkeit, er ist ihm nur eine Fessel. Der Leser weiß daher nicht bestimmt, ob Albert Lottens vollkommen würdig ist oder nicht. So tritt auch hier die Oeconomie ein, daß kein dazwischentretendes starkes Motiv die einheitliche Strömung der Stimmung unterbreche.

Landschaft und Staffage sind ungezwungen und leicht behandelt, ohne vordrängende Prätension. Das macht sich alles wie von selbst. Die Natur ist thätig mit hereingezogen in das Empfindungsleben. Goethe hat zuerst die freie Natur wieder erobert; Goethe war der erste deutsche Dichter, der wieder im Grase lag. So lernte ihn Kestner kennen. Und mit welcher Inbrunst schildert Goethe das wonnig wehmuths= volle Gefühl des Versenkens in das Naturwalten! Werther schreibt schon im zweiten Briefe am 10. Mai: „Wenn das liebe Thal um mich dampft und die hohe Sonne an der Oberfläche der undurchdringlichen Finsterniß meines Waldes ruht und nur einzelne Strahlen sich in das innere Heiligthum stehlen, ich dann im hohen Grase am fallenden Bache liege, und näher an der Erde tausend mannichfaltige Gräschen mir

merkwürdig werden, wenn ich das Wimmeln der kleinen
Welt zwischen den Halmen, die unzähligen unergründlichen
Gestalten der Würmchen, der Mückchen näher an meinem
Herzen fühle, und fühle die Gegenwart des Allmächtigen,
der uns nach seinem Bilde schuf, dies Wehen des Allliebenden, der uns in ewiger Wonne schwebend trägt und erhält!
Mein Freund, wenn's dann um meine Augen dämmert, und
die Welt um mich her und der Himmel ganz in meiner Seele
ruhen, wie die Gestalt einer Geliebten" — — —

Goethe war der neue Antäus, der wieder die volle
Lebenskraft aus der Berührung mit der Mutter Erde sog.

An der angeführten Schilderung haben wir ein kleines
Muster der Vortragsweise und des Styls, wie sie Goethe
hier zuerst feststellte. — Man kann von der Prosa Lessings
sagen, daß wir Lessing reden und disputiren hören; dieser
Styl ist der lautbewegte Ausdruck persönlichen Erörterns. Die
Prosa, wie sie Goethe im Werther zuerst gab und in Wilhelm Meister noch objectiver feststellte, ist die mustergiltigste
des Erzählens. Wir glauben die leise Bewegung der Lippen
zu sehen, mit denen der Dichter die Worte artikulirt, während er schreibt; alle Ungefügigkeit der Tonverbindung ist
vermieden, und darum läßt sich diese Prosa so bequem laut
lesen und es ist vom mündlichen Erzählen ein so voller
Brustton darin, daß der Leser immer wach bleibt. Für alles
Empfinden und alles Schauen ist hier das einfach zutreffende

Wort gegeben; es ist hier keine Spur von jener superlativen Steigerung, die sich nie genug thun zu können glaubt und sich doch bequemlich abfindet. Nichts ist gesucht, Alles ist gefunden. Nirgends zeigt sich eine ängstliche Sorgfalt, die sich wie geschriebenes Stottern ausnimmt, wobei man das einmal hinausgegebene Wort wieder zurückholt, durch ein Anhängsel oder durch eine Variation verwahrt und abändert. Der erste Ton ist der bleibende. Es wäre ergiebig, die zweite Ueberarbeitung Werthers, wie sie nun vor uns liegt, mit der ersten zu vergleichen. Es läßt sich aber doch im Ganzen sagen, daß der Ton derselbe geblieben. Alles ist in schlichten Worten. Der überschwängliche und zugleich auch läßliche Briefstyl sticht scharf ab gegen die knappe Ausdrucksweise im Götz. Und dabei ist im Werther eine unerreichte Rhythmik der Sprache wie sie Goethe nur in seinen schönsten lyrischen Gedichten, in Liedern wie: „Ueber allen Gipfeln ist Ruh'" und in hundert andern hervorgebracht hat. Kein ungewöhnliches Wort, keine überraschende Wendung: alles wie im nothwendig sich selbst fortleitenden Flusse — so ist Werther nach Seite der innern Structur wie der Charakteristik und des Vortrags das in sich vollendete Kunstwerk, dem seine naturnothwendige Erscheinungsweise geworden. — —

Die erzählende Dichtungsform ruhte von nun an bei Goethe fast acht Jahre. Er selbst nennt Werther eine Generalbeichte. Er fühlte sich lange nicht zu einer solchen

gedrängt. Erst auf einem innern Ruhepunkte seiner Lebens-
wandlungen kam er wieder zu einer, die ihn fast sein ganzes
Leben hindurch neben seinen andern großen dichterischen
Schöpfungen und neben seinen wissenschaftlichen und künst-
lerischen Forschungen beschäftigte. Wenn Goethe als das
eigentliche Gedicht das Gelegenheitsgedicht im eminentesten
Sinne nennt, das, wozu ein unmittelbarer Anreiz im innern
oder äußern Leben führt, so kann man dieß auch auf Wil-
helm Meister anwenden.

Wir können uns recht wohl denken, daß Wilhelm
(Meister), wie er nunmehr vor uns erscheint, der Freund war,
an den Werther seine Briefe richtete. Werther ist die sich
isolirende, Wilhelm die sich ins Weltgewühl stürzende Jüng-
lingsnatur. Werther bleibt derselbe und geht unter; Wilhelm
ist der mit dem Leben Ringende, der sich wandelt und er-
neuert.

Die Gestalt Wilhelms, an den Werther seine Briefe
schreibt, mochte im leisen Dämmer in der Seele des Dichters
stehen und sie hob sich allmälig und immer bestimmter heraus
und verknüpfte sich mit neuen Lebenserfahrungen.

Mit Wilhelm Meister unternahm es Goethe, das bunteste
Leben in dem Bildungsgang eines einzelnen Menschen auf-
zurollen.[1] Goethe löst auch seinen Wilhelm Meister wie den

[1] „Ich will mich selbst, ganz wie ich da bin, ausbilden,“ schreibt
Wilhelm (Buch 5, Capitel 3). Die Bildung soll zum Glücke werden: „Der

Werther von den Familienbanden ab, aber hier wird die Operation bereits schwieriger und demgemäß stärker betont. Wilhelm Meister wird es nicht so leicht, sich los und ledig zu machen von den Banden der Natur und der bürgerlichen Verpflichtungen. Aber Vater und Schwester des Helden, sowie Freund Werner, werden bald zurückgedrängt. Und wenn wir später im Verlaufe der Erzählung den Tod des Vaters, die Verheirathung der Schwester erfahren, so wird das mit kurzen Worten abgemacht. Der Dichter bedarf auch hier eines Helden, der rein auf sich gestellt, seine Bildung vollendet, wie Werther rein auf sich gestellt sich dem Untergange weiht. Die Rücksicht, in der eigentlichsten Bedeutung des Wortes, das Rücksehen auf andere naturrechtliche und gesellschaftliche Beziehungen mußte hier abgewendet werden. Der Dichter hat sich die Aufgabe gesetzt, die Einwirkung der Welt auf ein freies Individuum zu bieten, das dem Ideale seiner Vollendung nachgeht.

Während Werther ausschließlich seiner subjectiven Empfindung lebt, jede Wirkung nach außen verschmäht und jede Einwirkung von außen vorgreifend ablehnt, sucht Wilhelm Meister beständig auf Andere zu wirken und ist offen für deren Rückwirkung auf ihn. So erhält und vervollkommnet er sich in der Gegenseitigkeit des Lebens, während Werther

Mensch ist nicht eher glücklich, als bis sein unbestimmtes Streben sich selbst eine Begrenzung bestimmt." (Buch 8, Capitel 5.)

sich im Leben bereits aus der Gemeinsamkeit trennt und sein bloßes Selbstleben zum Selbstmorde wird.

Während Werther durch gefangennehmende Energie der Empfindung fesselt, hält Wilhelm Meister durch eine eigenthümliche Energie des Willens unsere Theilnehmung fest. Diese Energie ist da, so oft und so vielfach sich auch der Held scheinbar ablenken läßt; seine ehrliche stetige und volle Hingebung an das zu erstrebende Ziel der Bildung geht auch auf den Leser über. Auch Wilhelm Meister wirkt vorherrschend sympathisch.

Ziehen wir das Schema des Inhaltes aus.

Wilhelm Meister im Verhältniß zu Mariannen; dann halb als Poet, halb als Schauspieler im Schlosse des Grafen, nachdem er abenteuerliche Figuren an sich geknüpft und so gewissermaßen als die Vervielfältigung einer und derselben abenteuerlichen Gestalt erscheint. Er wird zum Schauspieler, um aus der Kunst heraus, sich und die Nation zu bilden; er bringt Shakespeare's Hamlet auf die Bühne und tritt endlich in eine — wenn auch exclusive, doch praktisch thätige und fest angesessene — bürgerliche Gesellschaft ein. So liegen kurz und trocken die Linien des Thema's vor uns. Von eigentlicher strenger Composition, von geschlossener Gruppirung und Gipfelung kann hierbei nicht die Rede sein. Es ist ja eben die Aufgabe, die zerstreuten Einwirkungen der Bildung in den verschiedenen Situationen zu zeigen; der Held muß seine vorgefaßten Ideale am Leben messen

und rektificiren, er muß lernen, Neigung und Pflicht
einigen.

Innerlich nothwendig ist hier die Handlung — eine
Reise, Wechsel des Ortes, der Menschen und der Verhält=
nisse. Der moderne Odysseus, der die Heimath der Bildung
sucht, wird nicht auf der salzigen See geschaukelt, er treibt
auf den Wogen der unsteten Gesellschaft umher und hat
mancher Circe zu entrinnen. — Es fallen Figuren ab, ohne
Consequenzen, ohne spätere Wiederaufnahme; sie haben ihren
Zweck erfüllt, indem sie zur Erweckung des Helden beitrugen,
und erst am Schlusse der Lehrjahre wird mit großer Gewalt=
samkeit eine Gruppe gebildet und werden auseinander lie=
gende Figuren zu einem großen Ensemble zusammengedrängt.

Die natürliche Form Wilhelm Meisters erschiene als die
einer fingirten Selbstbiographie. Wir können uns denken,
daß Wilhelm Meister in gereiften späteren Jahren das alles
wie eine Erinnerung aufgezeichnet hätte, denn wesentlich —
bis etwa zum sechsten Theile des Romans — geht Alles
vor den Augen des Helden vor und was sich nicht sichtbar
vor ihm abspielt, wird durch Briefe, Erzählungen und Tage=
bücher an ihn herangerückt. Dennoch hat der Dichter die
Form der Selbstbiographie abgelehnt, und das wohlweislich.
In dieser Erzählungsweise kann die Figur des Helden nicht
leicht plastisch werden, der Gesichtskreis erweitert sich nicht
derart, daß Dichter und Publikum mehr sehen, erkennen

und erleben, als der Held selbst. Es zeigt sich auch am
Schlusse, daß wir nothwendig in verschiedene Situationen
eingeweiht werden müssen, die sich dem Auge des Helden
entrücken. Was Wilhelm vom Hamlet sagt (Buch 4, Ka=
pitel 15): „der Held ist planlos, aber der Dichter hat
einen festen Plan" das gilt auch von Wilhelm Meister
selbst. Ein Beispiel mag genügen: In der ganzen Theater=
periode Wilhelms hält der Dichter alles draußen liegende
Leben fern. Wilhelm weilt wochenlang zur Ausheilung seiner
Schußwunde im Pfarrhause, die Pfarrersleute erscheinen gar
nicht, denn ihr Leben würde das Dichten und Trachten des
Helden ablenken. Wir werden in der Theateratmosphäre ge=
halten und alles Abenteuerliche, das sich zusammenhanglos und
zufällig fortzusetzen scheint, ist vom Dichter wohl geordnet.

In der Exposition zeigt sich sofort die Meisterschaft des
Dichters.

Das ganze erste Buch, das Marianne überschrieben sein
könnte, hätte bei einer geschlossenen Composition, in der es
sich um den Austrag eines einzelnen Confliktes handelte, als
Rückerinnerung eingefügt werden müssen. Der Dichter läßt
mehrere Jahre zwischen dem ersten und zweiten Buch ver=
gangen sein, als eine Zeit, von der nichts oder von Thatsachen
nur dürftiges zu berichten ist. Vom zweiten Buche an bricht
die Aktion nicht mehr ab. Aber der Dichter rollt ein Pano=
rama vor uns auf, wo die fortlaufende Reihe der Figuren

geradlinig und nacheinander aufgestellt ist; er bildet nicht
eine nach Höhe und Breite streng bemessene und aufgebaute
Composition, in der die zusammengedrängten Gestalten nach der
Grundform des aufrecht stehenden Dreiecks oder nach der so=
genannten Herzform in die Höhe gedrängt werden, damit
Alle mit einander in Einem Blicke zu erfassen sind. Der
Dichter führt uns den langen Weg des Lebens, und so
hat er naturnothwendig und gerecht das, was in einer
Composition episodisch wäre, uns geradeswegs miterleben
lassen. Wir müssen mitgehen, bald dahin und bald dorthin.
Eine Erscheinung, die uns eine Strecke Weges begleitet hat,
versinkt und läßt nur eine Erinnerung zurück; eine andere
verflüchtigt sich ganz.

Der Baum im geschlossenen Walde muß die untern
Zweige absterben lassen, der Stamm breitet, die Krone er=
höht sich.

Goethe gibt zugleich zum Jugendleben Wilhelms eine
feine Parallele, indem das Jugendleben Nataliens in den
„Bekenntnissen einer schönen Seele" erschlossen wird. Wir
begleiten so Natalie in ihrer Entwickelung, freilich in viel
beschränkterer Weise, als den Helden. Das Genetische, auf
dem in diesem Werke ein Hauptton liegt, muß natürlich
bei den vornehmsten Figuren auf die Kindheit zurückgehen;
sie erscheinen aber, wenn auch noch im bildsamen Lebens=
alter, doch bereits in bestimmter Weise fertig und vollenden

sich nur vor unsern Augen. Die eigentliche Geschichte der
Kindheit wird bei Wilhelm und Natalie nur als Erinnerung
nachgetragen. Es gab keine andere Stelle, um die weit hin-
aus wirkende Puppenspielerei Wilhelms einzufügen, als gleich
den Anfang. Wir sind aber da noch nicht genug in Sympathie
mit dem Helden, um solche Erlebnisse bereits mit entsprechender
Theilnahme aufzunehmen, und der Dichter hat Selbstironie
genug, das mit einzuflechten, und daraus einen Charakterzug zu
bilden, daß Marianne halb widerwillig und unaufmerksam
zuhört. Der Dichter entläßt uns nicht aus der Theateratmo-
sphäre; dem Helden begegnet immer Theater: gleich beim ersten
Austritt Melina und dessen Frau, und als der Held nach der
Pause der Jahre aufs Neue vor uns erscheint, alsbald zeigt
sich wieder Theater in der Scheune, die Springergesellschaft,
Philine und Laertes, der Harfner und Mignon, und es
bricht nicht mehr ab. — Dem innerlich gespannten Sinne
begegnet das, wornach er ausschaut, oder vielmehr alles
Andere ist nicht für ihn da.

Man kann Goethe darüber tadeln, daß er den Bildung-
suchenden den Weg aus der Kunst ins Leben machen läßt,
während doch der umgekehrte natürlicher wäre: aus Familie,
Gemeinde, Staat erhebt sich die freie Bildung und die Kunst.
Aber Goethe — es ist traurig, daß wir es gestehen müssen
— reproducirte nur das deutsche Leben, wie es zu seiner
Zeit war, und wie es zu unserm Jammer noch ist: wir

haben eine Kunst, bevor wir ein bürgerlich festes, staatliches, nationales Leben haben; wir haben durch Goethe selbst, durch seinen Vorgänger Lessing und seinen Genossen Schiller eine hohe reiche Literatur, aber noch weit entfernt kein dem entsprechendes Leben.

Wilhelm Meister spielt zu einer Kriegszeit. Offenbar sind die Revolutionskriege gemeint. Wir sind auf dem Schlosse des Grafen, wo Wilhelm sich den ganzen Tag abmüht, um der Gesellschaft am Abend ein paar Stunden vergnüglich auszufüllen. Wir begegnen einen Prinzen, der als deutscher Heerführer nur französische Bildung kennt und im Kriege die Franzosen bekämpft. Wir sehen auf den Feldern Zelte, die abgebrochen werden; Marodeurs, die das Land umher unsicher machen; wir hören sogar, daß Lothario, den der Dichter als den vollkommensten thatkräftigen Charakter aufstellt, unter Lafayette im amerikanischen Freiheitskriege gekämpft hat; ja, der Baron Lothario entscheidet sich schon damals für die Gleichbesteuerung der Adelsgüter. Dennoch hält Goethe das eigentliche große Weltleben fern. Es ist nicht mehr, als manchmal etwas Theatergeräusch hinter den Coulissen. Im Uebrigen spielt sich das ungebundenste Privatleben vor uns ab; ja, der Staat ist so wenig berücksichtigt, daß wir lauter paßlose Existenzen vor uns haben. — Wir ziehen mit Wilhelm in der Welt umher, und beständig weiß der Dichter uns die lebhafteste Theilnehmung für alle äußern und innern

Begegnungen einzuflößen; er hält gewaltsam jede Ablen
tung fern.

Der pädagogische Roman — und ein solcher im weitesten
Sinne ist Wilhelm Meister — bedarf noch mehr als der histo
rische eines leichtbeweglichen Helden, der in die verschiedensten
Schauplätze versetzt wird. Die Theilnehmung des Lesers ist
hierbei eine doppelte. Wir schauen begierig aus, wie es dem
Helden weiter ergehen wird in diesen und jenen Fährlichkei=
ten; andererseits nehmen Personen und Verhältnisse, die ihm
begegnen, eine selbständige Bedeutung in Anspruch, so daß
der Held nur die eigentliche Verbindung bildet, um uns in
die ganze Breite und Mannigfaltigkeit des Weltlebens einzu=
führen. Sehr leicht kann es kommen, daß Situationen und
Begegnungen den Helden selbst zurückdrängen. Goethe weiß
aber Alles so ebenmäßig zu gestalten, daß unsere Theilneh=
mung an dem Helden wie an den auf ihn einwirkenden Er=
scheinungen sich stets im Gleichgewicht erhält. — Der Dichter
weiß uns so in Sympathie mit dem Helden und allen Begeg=
nungen zu versetzen, daß wir mit reiner innerer Anmuthung
Alles verfolgen, was sie erleben und erstreben. Der Held
heißt unser Freund und ist unser Freund, und wir nehmen
Theil an dem, was dem Freunde begegnet, weil es ihm
begegnet und nicht bloß weil seine Erlebnisse von allgemein
menschlicher Bedeutung sind.

Goethe wirkt nicht von Effekt zu Effekt, seine Hauptkunst

zeigt sich darin, daß er einen reinen Zustand so lebendig
ins Werk zu setzen weiß; er schildert das Zuständliche so, daß
wir jene Wonne empfinden, die Faust als die höchste preist:
Der Leser „spricht zum Augenblick: verweile!" — Nicht nur
das Ziel ist Zweck, auch die Reise, auch der Weg ist Ziel.
Schritt für Schritt gehen wir innerlich bewegt, ohne allzu=
stürmisches Herzklopfen und doch mit anmuthender Beschleu=
nigung weiter. „Wehe jeder Art von Bildung, welche die
wirksamsten Mittel wahrer Bildung zerstört und uns auf das
Ende hinweist, anstatt uns auf dem Wege selbst zu beglücken."
So ruft Wilhelm (B. 8, Cap. 1) in ethischer Beziehung aus.
Wir dürfen das auch nach der ästhetischen Seite anwenden.

Die Gelassenheit des Vortrags ist es vor Allem, die
ein wohliges Behagen erzeugt. Der Leser gewinnt dieselbe
lässige Ungebundenheit, die dem Helden eigen ist. Er kann
über seine Zeit verfügen, sich da und dort ablenken lassen, wie
es ihm gefällt, wie und wo irgend etwas lockt. Auch der
Dichter hat Zeit genug; er läßt sich an einem guten Ruhe=
punkte nieder und gibt erläuternde Betrachtungen. Held,
Dichter und Leser, alle haben Zeit genug und sind des
guten Vertrauens, daß es zu jeder Stunde an Gefälligem
und Abenteuerlichem, an ernster Betrachtung und leichtlebiger
Laune nicht fehlen wird. Und das Beste dabei ist, daß kein
schweres räthselhaftes Ereigniß im Hintergrund lauert, bis
zu dessen Kundgebung und Lösung der Verlauf der Einzel=

ereignisse nur mit halber Theilnehmung, als provisorisch, als widerwillige Verzögerung aufgenommen werden könnte.

Es mag hier auch am Orte sein, beiläufig darauf hinzuweisen, daß Goethe bei der umfassendsten Wiedergabe der Lebensbeziehungen alle criminalistischen Motive streng ausscheidet. Er faßt nur solche Conflicte, deren Austrag der dichterischen Jurisdiction allein zusteht, die blos vor das innere Forum des ethischen Bewußtseins gehören. Und das ist und bleibt das eigentliche Gebiet der Poesie. Selbst eine Schuld, wie die des Harfners, faßt Goethe jenseits der Ringmauern des äußerlichen, weltlichen Gerichtes. Wir erleben ein Jenseits im purgatorium und empfinden nichts von der Stickluft des Criminalgerichtlichen.

Lockerung, Zersetzung und Neubildung der verschiedensten Lebensbeziehungen weist diese Dichtung auf. Das Thema der Geschwisterliebe wurde von andern Dichtern tragisch, von Lessing noch zur Ausgleichung führend, und von Goethe selbst als schließliches Mißverständniß behandelt. Hier wagt es Goethe, das Thema in seiner tieferschütternden Nachwirkung zu fassen; aber er rückt uns dieß lange aus den Augen und läßt den Harfner und Mignon einander nicht erkennen. Hier die Empfindung einer Erkennungsscene zu artikuliren, das lag außerhalb der Scala des höchsten dichterischen Ausdrucks. Der Dichter hält uns in räthselhafter Sympathie mit dem Harfner und die schließliche Aufklärung wird uns nicht durch die Person selbst, wo sie nur wild und erdrückend sein könnte, sondern durch den geordneten, ruhig bemessenen Vortrag des Medicus. Wir dürfen dem Harfner nicht mehr begegnen, nachdem wir sein volles Schicksal wissen, das würde zu einer Erschütterung und zu einem innern Wider= streite der Empfindungen führen, zu grellen Tönen, die mit der ganzen läßlich milden Instrumentirung dieses Werkes unvereinbar wären.

Wenn Goethe das geradezu Criminalistische vermeidet, so ist ihm doch noch das rein Pathologische dichterisch ver= wendbar. Schon im Clavigo haben wir die schwindsüchtige Marie Beaumarchais und im Wilhelm Meister Aurelie. Goethe hält uns aber auch hierbei das eigentlich Krasse, die un= schönen Zuckungen der geplagten Creatur fern; er führt uns alsbald wieder in die freie Bewegung, wo wir frisch und leicht aufathmen.

Es gibt kein zweites Buch, wo Held, Dichter und Leser so mit einander in behagliche Vertraulichkeit gesetzt sind. Es stört keinen Augenblick die Illusion, daß der Dichter sich mit dem Leser bespricht und mit ihm in die Scene tritt. Goethe erzählt hier weder im Pathos des unmittelbar Geschehenden, noch als Erinnerung, wo Alles bereits erstarrt und abgethan. Er erzählt wie ein Mann, der das selbst erlebt hat, jetzt wohl darüber hinaus ist, aber doch noch mit innerster Wärme daran hängt. „O, daß ein solcher Augenblick nicht Ewigkeiten währen kann!" ruft der Dichter aus, indem er erzählt, wie Wilhelm die Gräfin zum erstenmal küßt, „und wehe dem neidischen Geschick, das auch unserem Freund diesen kurzen Augenblick unterbrach. —"

Wir haben hier einen pädagogischen Roman vor uns, aber der Dichter gibt sich nicht als Führer, sondern nur als treuer erfahrener Freund des Helden. Nur manchmal kann er es doch nicht unterlassen, seinen weiteren und. freien Blick kund zu geben. So schon Buch 1, Cap. 15: „Glückliche Jugend! glückliche Zeiten des ersten Liebesbedürf= nisses! Der Mensch ist dann wie ein Kind 2c." Ferner Buch 3, Cap. 10: „Er hatte zu wenig Kenntniß der Welt, um zu wissen, daß eben ganz leichtsinnige und der Besserung unfähige Menschen sich oft am lebhaftesten anklagen 2c." Am Schlusse des 8. Cap. von Buch 3, wo es dann zuletzt heißt: „Wilhelm fing an zu wittern, daß es in der Welt anders zugehe, als er sich gedacht." Und B. 8, Cap. 8: „Er wußte nicht, daß es die Art aller der Menschen sei, denen an ihrer innern Bildung viel gelegen ist, daß sie die äußern Verhältnisse ganz und gar vernachlässigen. Wilhelm hatte sich in diesem Fall befunden, er schien nunmehr zum ersten= mal zu merken, daß er äußerer Hilfsmittel bedürfe, um nachhaltig zu wirken."

Der Dichter, der den Stoff beherrscht und die gegen= wirkenden Charaktere und Verhältnisse einordnet, stellt schon

damit den Leser und sich selbst auf den unbeschränkten, zur
freien Umschau aufgeschlossenen Standpunkt, während der Held
im beschränkten Horizont befangen ist. Dieses Heraustreten
aus dem Gesichtskreise darf aber nicht so weit gehen, daß
das betheiligte Miterleben sich auflöst.

Goethe wendet auch jenes „Er wußte nicht" und dergl.
nur so weit an, um einerseits die Spannung wegen der Fähr=
lichkeiten des Helden zu dämpfen, oder auf die weitere Ent=
wickelung hinzulenken und die Aussicht zu geben, daß der
Held selbst von hier aus zu neuen Erfahrungen und Fort=
schritten gelangt.

In der ganzen Haltung dieser Dichtung ist die Selbst=
betheiligung des Autors unverkennbar und sie geht in gleicher
Weise auf den Leser über. — Schon daß der Held hier immer
„unser Freund" heißt, gibt eine eigenthümlich nahe Beziehung.
Der Dichter spricht auch den Leser bisweilen an, bietet ihm
Ausblicke, verbindet die Vorgänge mit anderweitigen Wahr=
nehmungen oder entschuldigt sich gar, daß er dieß und jenes
zu weit ausführe.[1] Die Erzählungsweise in diesem Stadium

---

[1] „Unsere Leser werden erlauben" heißt es oft bei breiteren Ausfüh=
rungen, dagegen auch „wir verschweigen" bei leicht Abgethanem und Miß=
behaglichem (Schluß von Capitel 14, Buch 5). Im Werther sagt Goethe
noch in der Vorrede und in den Verbindungsstücken geradezu „ich;" in den
Anmerkungen zu den Briefen bei Auslassungen und Umstellungen sagt der
Dichter nothwendig „man;" im Wilhelm Meister heißt es stets „wir;"
nur Einmal bei einer neuen Wortbildung gestattet sich Goethe noch das

ist nicht mehr der Erzählerton, der sich an die Form münd-
lichen Berichtes anlehnt; der Dichter schreibt für den
Leser, und nur manchmal blickt das große Auge des Dichters
über das Papier hinweg auf den Leser. Es ist eitel Fabel
und Schulsprache, wenn man Goethe den objectiven Dichter
nennt. Er übte jene höchste Gerechtigkeit, daß er jeden Cha-
rakter in seiner Art sich ausprägen ließ, daß er, soweit es
dem Menschen gegeben ist, die Allliebe zeigte, die Keinen
bevorzugt. Goethe gibt uns nie einen absoluten Bösewicht,
wie Franz Moor, wie Richard III. Er läßt den Herrn im
Himmel zu Mephisto sagen:

Du darfst auch da nur frei erscheinen;
Ich habe deines Gleichen nie gehaßt.
Von allen Geistern, die verneinen,
Ist mir der Schalk am wenigsten zur Last.
Des Menschen Thätigkeit kann allzuleicht erschlaffen;
Er liebt sich bald die unbedingte Ruh';
Drum geb' ich gern ihm den Gesellen zu,
Der reizt und wirkt und muß als Teufel schaffen.“

„Von allen Geistern, die verneinen!“ Goethe faßt das
Böse nur als Verneinung und stellt es nur in verneinenden

„ich.“ Buch 2, Capitel 5 heißt es von Madame Melina: „sie war, was
ich mit einem Worte eine Anempfinderin nennen möchte.“

Charakteren dar. Hier steht er ganz, und mit einer Plastik, die der Philosophie unerreichbar ist, auf seinem innerlichst pantheistischen Standpunkte, der das absolut Böse nicht positiv bestehen läßt. Diese Universalität, diese spiegeltreue Auffassung der Menschen-Mannigfaltigkeit, dies ist die große Subjectivität des Dichters, die überall herausschaut. Hier ist die Einheit des Subjects mit dem Object und bewährt sich jenes Wort „eines alten Mystikers," zu dem sich Goethe bekennt:

> „Wär' nicht das Auge sonnenhaft,
> Wie könnten wir das Licht erblicken?
> Lebt' nicht in uns des Gottes eigne Kraft,
> Wie könnt' uns Göttliches entzücken?

„. . . . im Auge wohnt ein ruhendes Licht, das bei der mindesten Veranlassung von innen oder von außen erregt wird." [1]

Vermöge der eingeborenen Universalität seines Naturells wurde Goethe den vielfältigen Welterscheinungen gerecht.

Hier liegt auch das Geheimniß der Goethe'schen Charakteristik, in der jede Persönlichkeit ihre eigene Lebensmelodie, ihre eigene Tonart hat. Dieß läßt sich schon daran erkennen, daß es kaum möglich ist, Reden und Auffassungs-

---

[1] Farbenlehre (Werke 1851) Bd. 28, S. 14.

weisen der einen Person auf eine andere zu übertragen. Philine, Therese, Natalie, man kann nicht leicht ein Wort der einen einer andern in den Mund legen. So kann z. B. nur Philine sagen: „Wenn ich dich liebe, was geht's dich an?" während nur aus Theresens Munde das Wort hervor gehen kann: „Des Menschen Schicksal ist sein Charakter."

Goethe charakterisirt und schildert die Personen, die er uns vorführt, nicht in abstrakter Weise. Er läßt sie handeln, reden, und uns ihren Charakter daraus erkennen. Es geht dem Dichter, der eine Person schildert, bevor wir sie kennen gelernt — zumal wenn er sympathisch für sie bewegt ist — leicht so, wie wenn man einen neuen Freund einem alten, längst bewährten und vertrauten mit einer gewissen Gewalt= samkeit nahe bringen will; es hindert dies eher die nähere und selbstthätige Bekanntschaft, als daß es sie fördert. Ein= faches Waltenlassen ist dichterisch wie im Leben das Gemäßeste. Der Schaffensdrang des Dichters, dem die Gestalt voll und ganz in der Seele steht, muß sich zu jener Mäßigung abklä= ren, die die Stetigkeit der Arbeit erheischt und aus welcher sich das ganze Gebilde endlich frei heraushebt. Goethe ist das Muster dichterischer Gelassenheit und Geduld. In seiner Selbstbeschränkung reicht er zugleich an jene Charakteristiken der Bibel hinan, in denen ebenfalls die Persönlichkeiten nicht abstrakt charakterisirt sind, sondern sich in Wirkungen und Reden bethätigen, Jedem deutlich werden, und nur dem

Tieferdenkenden und Verbindenden immer noch deutlicher. Die
Schrift enthält nicht zugleich auch ihre Exegese, diese ruht
aber in ihr. — Nur manchmal kann sich Goethe nicht ent=
halten, ein vertrauliches Anrufen, das wie sanftes Schelten,
oder wie gehaltenes Lob klingt, bei Nennung einer Person
einzustreuen; eben etwa wie ein Mensch, der die ganze Per=
sönlichkeit und nicht bloß einzelne Thaten kennt, einen Ab=
wesenden bezeichnet. „Das liebe Geschöpf, die geliebte, arme
Creatur" heißt Mignon oft, wie Philine „die angenehme Sün=
derin, die zierliche Sünderin."

Goethe ist aber weit entfernt von dem gäng und gäben
großthuerischen Humor, in dem der Dichter sich lustig macht
über seine vorgeführten Figuren, und bei jeder Gelegenheit zeigt,
daß er weit über dem beschränkten Horizont dieser Leute stehe.

Goethe behandelt vielmehr alle Personen und Verhält=
nisse mit einem stetigen und ruhigen Ernste. Selbst Charak=
tere, wie Melina und Serlo behandelt er nie mit einem
souveränen oder wegwerfenden Worte. Die Lustigkeit und
frohe Laune ist in den Personen und Handlungen, nicht in
der Behandlung des Autors und seiner vornehm herablassen=
den Haltung.

Die Erzählung hat von der Gesangs=Abtheilung des
Epos die Abschnitte in Buch und Capitel beibehalten. Beim
neuen Abschnitt wird wieder mit frischem Athem begonnen
und der Wechsel der Personen und des Schauplatzes ergibt

sich damit am leichtesten. Im Wilhelm Meister zeigt sich da
zuweilen der lange Zeitraum seiner Ausarbeitung. Der Dich-
ter beginnt oft mit einer allgemeinen Betrachtung, um sich
und den Leser wieder frisch in die Stimmung und die Si-
tuationen zu versetzen, aber diese Betrachtungen sind stets zur
Sache gehalten, und fügen sich leicht in die gelassene nicht
eilfertig dem Ziele zudrängende Vortragsweise.

An physiognomischer Mannigfaltigkeit der Charaktere ist
kein anderes Werk so reich wie Wilhelm Meister, und hier
tritt sogleich eine eigenthümliche Kunstfertigkeit Goethe's her-
vor. Er läßt uns bei der ersten Begegnung und so fortwäh-
rend von Gestalt und Wesen nicht mehr sehen und erkennen,
als eben der Held sieht und erkennt. Und weil die Personen
nicht allgemein geschildert sind, in ihren Tugenden, ihren
Fehlern, ihrem ganzen Behaben, so daß wir ein Programm
ihres Wesens hätten, ist jede einzelne Kundgebung in Er-
scheinung und Charakter unserer Erwartung gemäß und doch
überrascht uns wieder jede Besonderheit, als ob wir die
Charaktereigenthümlichkeit immer neu und doch wieder mit
unserer allgemeinen Vorstellung zusammenstimmend fänden.
Befriedigung und Ueberraschung halten einander auf
und ab die Wage. Der Leser sieht sich in seinen Erwar-
tungen befriedigt und doch vom Dichtergeiste immer überboten.
Wenn der Dichter z. B. Philine auf der Spazierfahrt Hut
und Halstuch zum Wagen herauswerfen und verschenken läßt,

so freuen wir uns über diese vom Dichter ausgeführte Hand=
lungsweise, die unserer Vorstellung von diesem Charakter ge=
mäß ist, und doch überrascht sie uns dermaßen, als ob wir
die Charaktereigenthümlichkeit erst jetzt verstehen und begreifen
lernten. Jede neue Wahrnehmung eröffnet uns eine neue
unvermuthete Bekanntschaft in dem bereits Bekannten.

Man hat vielfach geirrt, wenn man glaubt, Goethe
schildere seine Personen gar nie. Er thut dieß allerdings
nie in einem fortlaufenden Signalement, ja, er läßt uns
manche Figuren zuerst mehrmals begegnen (wie z. B. Mignon),
ehe er sie zu näherer Betrachtung darstellt. Ein auffällig
stummer Charakter, wie der Harfner, wird gleich beim ersten
Auftreten nach Costüm und Physiognomie lebensgroß geschil=
dert (B. 2, C. 11). Auch Jarno, der Räthselhafte, wird beim
ersten Auftreten gezeichnet (B. 3, C. 4), und eine spät in
die Scene tretende Figur wie Therese, zu deren allmäliger
Beschauung nicht mehr viel Zeit gegönnt ist, wird (Buch 7,
Cap. 5) genau beschrieben; sonst aber läßt Goethe die äußere
Gestalt der eintretenden Personen nur in der Bewegung
sehen, wo bald dieser, bald jener Zug erhascht wird, indem
er eben jetzt wirkt. Dadurch entsteht jene mitbetheiligte,
lebendige Wahrnehmung und jene Plastik, so daß sich die
Gestalten Goethe's wie auf einer Drehscheibe befinden; wir
können sie um und um drehen und das volle Licht auf das
ganze Gesicht, auf Halbprofil und Rücken fallen sehen, und

dieß bewirkt, daß die Gestalten mit festen Lebenszügen in unserer Erinnerung haften und uns aus dem Buche heraus ins Leben begleiten. Goethe geht aber in der physiognomischen Bezeichnung nur so weit, daß der Leser eine volle Gestalt aus seinem Bekanntenkreise einsetzen mag; daß der bildende Künstler, der diese Gestalt zeichnen wollte, festen Anhalt in den Angaben des Dichters und doch wieder Freiheit genug zur selbstschöpferischen, physiognomischen Ausprägung hat.

In der Schilderung des Landschaftlichen wie in andern Detailschilderungen gibt Goethe nie mehr, als was in Einen Blick fällt. Er vermengt nicht, wie so oft geschieht, verschiedene Standpunkte, und deshalb erzeugt er die feste sachliche Schaubarkeit.

Die Landschaft hebt sich nie als etwas Selbständiges heraus, wir gewinnen nur manchmal einen Blick auf sie, eben im Auge der handelnden Personen.[1] Das Naturleben wird mit hereingezogen in das Empfindungsleben wie beim Volksliede, es bildet die Consonanz zur Stimmung und ist dadurch untrennbar mit ihr verbunden (so z. B. der Anfang von Buch 7). Die Landschaft, die Einwirkungen von Tages- und Jahreszeit — die im Drama bis auf ein Geringes zurücktreten — sind in der epischen Dichtung von großer

[1] Es ist hier immer nur von Wilhelm Meisters Lehrjahren die Rede, denn die Wanderjahre beginnen gleich mit abstrakt Landschaftlichem: „An grauser bedeutender Stelle 2c."

Bedeutung. Goethe hält dies fest, aber er läßt sich nie zu Naturschilderungen verleiten, die um ihrer selbst willen gegeben werden und somit außerhalb des Werkes stehen und nur aufgesetzt sind. Wie Goethe in der Zeichnung der Gestalten das allzu Bestimmte, Porträtmäßige vermeidet und der Phantasie des Lesers noch genugsam freien Spielraum läßt, so vermeidet er noch mehr jede begrenzende, bestimmte Bezeichnung des Ortes und der Zeit.

Der Roman Werther spielt bekanntlich in Wetzlar, ohne sich sclavisch an die gegebene Oertlichkeit zu halten. Wilhelm Meister und die Wahlverwandtschaften haben deutsche Landschaft zum Hintergrunde, ja — noch näher gerückt — Mitteldeutschland oder Thüringen; aber alles lokal Kenntliche ist vermieden. Das gibt dem Dichter Freiheit genug, daß er Berg und Thal, Wasser und Wald, Berg- und Hüttenbetrieb und Landwirthschaft, Nähe einer Stadt und ländliche Abgeschiedenheit je nach Erforderniß einsetzen kann. Andrerseits bleibt auch der Vorstellung des Lesers die entsprechende Freiheit, und schließlich sind Charaktere und Verhältnisse nicht durch landschaftliche Besonderheiten bedingt und sie erscheinen in der Form des allgemein Menschlichen.

Ebenso ist auch die genaue Bestimmung einer Zeit mit ihren wechselnden Tagesstimmungen, die zu einer andern Periode nicht mehr so empfunden werden können, bis auf ein Geringes vermieden. Selbst das Costüm ist nur wie

nebensächlich angedeutet, so daß ihm nie eine besondere Be-
deutung beigelegt wird.

Indem nun so Raum und Zeit allgemein gehalten sind,
gewinnt die Dichtung die Freiheit an sich und ihre bestän-
dige unbehinderte Wiederaufnahme ohne Abzug des ethnogra-
phisch Bedingten und geschichtlich Vergänglichen. -

Im Satzgefüge beobachtet Goethe jene Schrittmäßigkeit -
ein eigens von ihm geschaffenes treffendes Wort — so daß
der Leser leicht und bequem mit fortwandelt. Es ist weder
der kurzgehackte, sogenannte moderne Styl, der immer von
Punktum zu Punktum springt, noch der latinisirende lang-
athmige, der gern Alles in Einem Satze, mit vollgestopften
Zwischensätzen unterbringt.

Goethe ist äußerst haushälterisch im Gebrauche von
Bildern und nur, wo es gilt einen psychischen Vorgang in
die Anschauung zu rücken, ergeht er sich in ausgeführten
Bildern. So z. B. Wilhelm Meister Buch 2, Cap. 1, wo die
Zerstörung im Gemüthe Wilhelms durch ein vorzeitig abge-
branntes Feuerwerk veranschaulicht wird.

Die Gespräche, oder vielmehr die Besprechungen, die
Goethe einführt, dienen wesentlich zur Charakteristik. Im
Wilhelm Meister namentlich, wo es sich nicht bloß um Hand-
lungen und Beziehungen, um Schürzung und Lösung eines
Knotens handelt, sondern das Denkleben des Helden eigent-
liches Thema ist und eine breitere Ausdehnung erfordert wird;

hier wo es darauf ankommt, wie der Held die Lebenserschei=
nungen und zunächst das Kunstgetriebe sich assimilirt, da kann
dieß natürlich sich nicht in Thaten ausprägen; es ist oft
eben so wichtig, was der Held denkt, als was er thut. Klä=
rung und Läuterung seines Denkens und Empfindens ist vor=
herrschende Aufgabe, und dazu sind natürlich Besprechungen
aller Art erforderlich. Und wie die andern handelnden Per=
sonen Leben und Kunst auffassen und üben, zeigt uns der
Hintergrund ihres Lebens und ihrer ganzen innern Ent=
wickelung.

Mit besonderer Geschicklichkeit versteht es Goethe, zwei
Menschen, die sich zum erstenmal begegnen, sich in der
Weise einander aussprechen zu lassen, daß sie ihren Bildungs=
gang, den Hintergrund ihrer Wahrnehmungen, Anschauungen
und Betrachtungen darlegen und den Dichter aller weiteren
Charakterisirung überheben. Daneben ist hier noch der Mono=
log öfter angewendet. Es sind dieß die inneren Orientirungs=
scenen des Helden wie des Lesers. Der Dichter setzt z. B.
die Erwägungen Wilhelms am Scheidewege (B. 4, Cap. 19)
in einen Monolog. Es ist nicht zufällig, daß die erste Auf=
führung des monologenreichen Drama's, des Hamlet, in der
ersten Entwickelungsstufe Wilhelms so einflußreich wirkt. Der
Held selbst hat Aehnlichkeit mit Hamlet, natürlich im weitesten
Sinne gedacht. Sein Denken geht immer der That weit
voraus. Er wird zunächst zur Resignation geführt, daß das

nationale Leben, die veredelnde Wirksamkeit, nicht von der
Kunst aus zu erreichen sei, sondern sich durch vereintes Schaf-
fen bürgerlich thätiger Menschen aufbaue. In den Wander-
jahren vermißt Wilhelm das Theater in der eigenthümlich for-
mirten socialistischen Ordnung, und da zeigt sich, daß die
Kunst erst die Blüthe einer schönen thätigen Menschengesell-
schaft sein soll.

Der pädagogische Roman geräth leicht in die Gefahr,
zum didaktischen zu werden, indem man hier Lehren, Regeln
und Erfahrungen einsetzt, die sich nicht geradezu aus den
vorgeführten Ereignissen ergeben, sondern von anders woher
und aus allgemeinen abstrakten Betrachtungen übertragen
werden. Selbst Goethe hat diese Klippe nicht vermeiden
können. Wir werden schließlich doch mit großen Grundsätzen
beschenkt und überrascht. Es wird uns das Facit mancher
Rechnung gegeben, die wir nicht selbst gemacht.

Der Dichter greift über und will schließlich die Lebens-
erfahrung eines einzelnen bestimmt charakterisirten Menschen
zur allgemeinen Lebensweisheit erweitern.

Es tritt leicht ein, daß dem Dichter — zumal bei einer
so langjährig fortgesetzten Arbeit — das Typische nicht mehr
genügt, das in jedem Einzelleben eingeschlossen ist; das Ty-
pische an sich soll gelten und aus dem Bilde des einen Men-
schenlebens soll geradezu ein Bild der Menschheit werden.

Seltsam abstoßend erscheint das Geheimleben des Thurmes.

Wir sind da plötzlich aus der realen, faßbaren Welt in eine
Fiction versetzt, die völlig aus der sich ganz natürlich fügen=
den Tonart fällt. Wir haben die Empfindung, als ob wir
einen klar und verständig redenden Menschen, mit wohl=
tönender Sprechstimme, auf einmal in ein Recitativ übergehen
hörten, so daß er nun in einem gewissen Singsang seine
Gedanken und Empfindungen darlegte. — Es muß aber darauf
hingedeutet werden, daß Goethe in dieser ganzen Lebensdar=
stellung — das abnorme Herrnhuterthum ausgenommen —
das religiöse Leben vollständig ignorirt. Goethe macht nicht
Opposition gegen dasselbe, er sucht eine neue Position, eine
Symbolik, wie sie sich aus dem Individuum, aus einer auf
weise Lebensbetrachtungen gegründeten Menschengemeinschaft
ergibt. Dieser symbolische Cultus erscheint als ein nur für
die gegebenen Persönlichkeiten und ihre Gesammtstimmung
festgestellter; er hat keine traditionelle, keine dogmatische Gültig=
keit; er muß sich stets neu gestalten, je nach sich ergebenden
Anlässen.

Wenn Schiller bei Besprechung seines Planes, eine
Friedericiade zu schaffen, in der er das Leben Friedrich des
Großen zu einer künstlerischen Epopöe ausarbeiten wollte,
wenn Schiller sich dabei vorbehalten hat, eine eigene mytho=
logische Maschinerie zu bilden, so sehen wir hier einen Hin=
weis, daß es dem Dichter nöthig ist, das moderne Leben
in eine schaubare Repräsentation zusammen zu schließen, um

den über und in den Ereignissen waltenden allgemeinen Ge-
danken anschaulich zu machen. Goethe sucht nicht nur neue
heiligende Formen und Bildungen, er bildet hier bei dem
Tode der Mignon, wie in den Wahlverwandtschaften beim
Tode Ottiliens, eine Art neuen intellectuellen, poetischen
Cultus. Die Sänge und Ceremonien, alle Weihehandlungen
werden hier nicht zur feststehenden Litanei und ständigen
Form, sie werden für das besondere Ereigniß immer neu
geschaffen; der Drang der Stimmung ist im tiefsten Grunde
der einige und derselbe, aber der Ausdruck hat die wandelnde
Form, die sich immer neu erzeugt.

Von diesem Gesichtspunkte aus verliert dieses plötzliche
Herausheben oder vielmehr Emporheben vom gewöhnlichen
Lebensboden das Willkürliche und Anfremdende. Goethe läßt
das Sinnbild dichterischen Schaffens seine beiderseitigen Kräfte
entfalten: Pegasus, der in fester Schrittmäßigkeit den realen
Lebensboden durchmessen hat, entfaltet frei sein in die Lüfte
tragendes Flügelpaar. — —

Die Lösung der Lehrjahre ist voll von Gewaltsamkeiten
und in der Schlußgruppe (Wilhelm — Natalie, Lothario
— Therese, Jarno — Lydia, Friedrich — Philine) sind
Verrenkungen angebracht, die der Dichter durch neue Bewe-
gungen wieder aufzulösen trachtet.

In den Wanderjahren gibt sich Goethe nicht mehr als Er-
zähler oder Aufzeichner, er spricht einfach von der Redaction

vorhandenen Materials. In den Lehrjahren behandelt Goethe gleich Cervantes die Episode derart, daß das episodisch Gegebene wieder hineinwirkt in den Text der Handlung; in den Wanderjahren wird dagegen die Episode ganz und gar als bloß gelegentliche Unterkunft benützt.

Ich übergehe die anderweitigen Erzählungen Goethe's wie die Unterhaltungen 2c. und will nur einen Blick auf „Hermann und Dorothea" lenken. Durch dieses erzählende Gedicht wurde Goethe ein großer Mehrer des deutschen Geistesreichs. Er gab ihm zugleich die streng classische Form, zum unwiderleglichen Beweis, daß auch das moderne Bürgerleben sich zur stylvollsten Auffassung eignet. Zu dieser in gebundener Rede gegebenen Erzählung sei hier nur eine Bemerkung angefügt, die unseres Erachtens nach noch nicht hervorgehoben ist. In „Hermann und Dorothea" hat es Goethe verstanden — was zu den höchsten Bedingungen der Kunst gehört —, die beiden Hauptpersonen so zu stellen, daß auf jede das besondere volle Licht fällt und keine durch die andere in Schatten gesetzt ist. Nur scheinbar tritt Hermann in Schatten vor der kernhaften resoluten Geliebten zurück, bei näherer Betrachtnahme steht er nicht minder im vollen Licht. Wesentlich ist hier aber auch eine künstlerische Besonderheit Goethe's, daß er die ganze Handlung von der Schlußscene aus rückwärts beleuchtet. Dorothea trägt den Ring am Finger, sie ist die jungfräuliche Wittwe, und das gibt ihr neben der mädchenhaften Anmuth und in sich ruhenden Schönheit, eine werkthätige nach Außen sich geltend machende Charakterkraft, die sonst nicht naturgemäß wäre. In ihrem Schicksale erscheint sie dadurch auch als Repräsentantin der durch den Krieg verhängten Lebensnoth und des Unstetwerdens, gegenüber den gesicherten Existenzen; die ganze, große geschichtliche Noth und Auflösung, die eigentlich nicht in die Scene tritt, ist durch Dorothea lebendig in dieselbe gestellt, ohne die ruhige Fortbewegung des Gedichtes durch zu starke tragische Accente zu belasten und seine Beschlossenheit aufzulösen.

Die letzte Goethe'sche Dichtung in Prosa sind die Wahlverwandtschaften.

Werther ist die vollste Ausprägung der Subjectivetät, die lieber untergeht als Concessionen macht und resignirt; Wilhelm Meister — der Gang zur Bildung. Das Naturrecht, daß Jeder alle in ihn gelegten Kräfte unbehindert ausbreite, muß seine Grenze erkennen in dem Gegenüberstehen gleichberechtigter Existenzen, wodurch das absolute Naturrecht, das noch eins mit der Naturmacht ist, sich auflöst; es muß sich von dem in der Gesellschaft herrschenden Gesetzesrecht bescheiden lassen. Es gilt, den Frieden mit der Welt zu machen, als Einzelner, eingeschlossen in die Gesammtheit. Nun ist der individuelle Friede da und jetzt treten wieder die allgemein menschlichen Fragen auf; zunächst jene höchste metaphysische Frage von der Freiheit des Willens.

Auerbach, Goethe und die Erzählungskunst. 4

Wenn Spinoza sagt: „ich betrachte die Thätigkeiten und Triebe der Menschen, als ob von Linien, Flächen oder Körpern die Rede wäre,"[1] so ist dies jener absolut freie Standpunkt, der sich naturforschend dem Menschen und der Menschheit gegenüberstellt. Der Mensch und die in ihm wirkenden Mächte sind vor dem großen Ganzen betrachtet nichts als reine Natur= kräfte, nach gleichen Gesetzen wirkend wie die uns umgebenden Naturgegenstände nach dem Gesetz der Schwere, der An= ziehungskraft u. s. w. — Einen ähnlichen Standpunkt, ja fast den gleichen nimmt Goethe ein, indem er in den Wahl= verwandtschaften die verschiedenen Menschen wie Chemikalien betrachtet; sie lösen sich, sie binden sich. Und so stellt er diesem Roman gleich das Bild der chemischen Wahlverwandt= schaft vorauf. Der Dichter hält sich ebenso souverän den Menschen gegenüber wie der Philosoph; aber alsbald zeigt sich, daß das Object und das Verfahren bei dem Dichter ein ganz anderes wird als bei dem Philosophen. Der Philosoph hat es mit dem Menschen an sich zu thun, der Dichter mit den Menschen als Persönlichkeiten. Die Persönlichkeit ist nicht die Verkörperung irgend einer abstrakten Eigenschaft, in ihr sind alle Eigenschaften gemischt, und indem der Dichter zur Gestaltung fortschreitet, gewinnen die Persönlichkeiten, gewinnt die Handlung ihr eigenes Leben, das nicht mehr nach den

---

[1] Schlußworte der Einleitung zu Theil 3 der Ethik.

abgesteckten abstrakten Linien sich bewegt. Der Dichter kann die handelnden Persönlichkeiten nicht als bloße Naturkräfte fassen, die an das Gesetz der Nothwendigkeit gebunden sind; wenn auch das Wollen im Ganzen unfrei und von Natur und Geschichte bedingt ist, die einzelne Willensthätigkeit bleibt frei, und hier tritt Schuld und Sühne ein.

Die Frage nach der Moralität des Geschehenden fällt weit unter den Gesichtskreis, in dem das Kunstwerk vom Dichter erfaßt wird. Es handelt sich ihm um naturrechtliche oder vielmehr um naturgeschichtliche Nothwendigkeiten, die nicht dogmatisch sein wollen für Einrichtung der Familie, der Gesellschaft, des Staates, da diese allesammt nicht mehr auf den bloß naturrechtlichen Bedingungen bestehen und sich fortbilden. Der Künstler schildert nicht gut und böse, um zu lehren gut zu sein u. dgl., die Schönheit allein ist hier maßgebend und je nackter und freier die Schönheit, um so unangefoch= tener ihr Bestand.

Werther und Wilhelm Meister sind der Roman des vollkommen ledigen Menschen, auch nicht durch Beziehungen zu Eltern und Geschwistern gebunden. Werther, Wilhelm Meister und Hermann sind Jünglinge, in den Wahlverwandt= schaften stehen im Mittelgrunde nur noch gezeitigte Männer.

Das, was hier sich aufthut, gleicht nur den frischgrünen Sommertrieben an den schon dunkelbelaubten Bäumen.

Stofflich betrachtet sind die Thema's der drei großen

Romane epische, der Hauptton liegt auf den innerlich seelischen Vorgängen und auf den Einwirkungen äußerlich sich herandrängender Erlebnisse; diese drei Grundmotive ließen sich nicht in dramatisch schaubare Handlungen übersetzen.

Werther und die Wahlverwandtschaften bringen, an sich betrachtet, ganz dasselbe Thema, aber von ganz entgegengesetzten Ausgangspunkten aufgenommen. Werther ist in verzehrender Liebe entbrannt zu einer Braut und stirbt gewaltsam. In den Wahlverwandtschaften ist der Conflikt doppelseitig, auch bei den ehelich Verbundenen, die sich innerlich trennen. Eduard und Ottilie enden tragisch in innerer Auflösung, der Hauptmann und Charlotte haben das tragische Geschick, ihrer so errungenen Freiheit nicht froh werden zu dürfen.

Aber nicht nur ähnliche Thema's, sondern auch ganz ähnliche Situationen geben dem Dichter ganz neue Motive und Behandlungsweisen. Es ist eine ganz ähnliche Scene im Wilhelm Meister und in den Wahlverwandtschaften: die Nacht, die die beiden Liebenden bei dem Kinde verbringen; dort Wilhelm und Natalie bei dem geretteten Felix, hier der Hauptmann und Charlotte bei der Leiche des Kindes — und so groß ist die Kraft des Dichters und sein tiefes Eingehen in die Bedingungen des Momentes, daß auch nicht der kleinste Umstand an die Aehnlichkeit der Situation erinnert.

Compositionell betrachtet ergibt sich, daß im Werther und

Wilhelm Meister der Leser wesentlich sympathisch bewegt ist; in den Wahlverwandtschaften dagegen wird er vor Allem in Spannung versetzt und beständig darin erhalten. Wir stehen alsbald und fortwährend einem bangen Räthsel gegenüber. Es gehört zu den höchsten nur selten erreichten Erfordernissen der Erzählungskunst, das Sympathische und die Spannung gleichmäßig und gemeinsam in Wirkung zu bringen. Behagen und Unruhe schließen einander nothwendig aus. Während es uns eilfertig zum Ziele drängt, in Furcht und Hoffnung, ist das Verweilen im Momente nicht gegeben. Das Retardirende, das der Dichter nothwendig einsetzen muß, wird nicht zur Ruhe, denn immer lauert im Hintergrunde die sorgenvolle Frage nach der Lösung.

In den Wahlverwandtschaften hat es Goethe erreicht, die Spannung und das Sympathische zu vereinbaren. Wie die Herzen der Handelnden voll Unruhe hin und her bewegt sind, und draußen ruht der Park still gedeihend und bietet erfrischenden Anblick und der Geist vermag sich in tiefen Betrachtungen zu ergehen, so wechselt auch im Leser Unruhe und Behagen. Das Fatum schreitet heran, aber noch ist uns freies Aufathmen gegönnt.

Die Wahlverwandtschaften sind der Roman nach der Ehe. — Es ist von Bedeutung, daß bereits ein Willensakt eingetreten ist, der das Leben bindet.

Zwei Menschen, die sich vor Zeiten liebten, kommen erst

nach allerlei Schicksalen, nachdem sie schon einmal verheirathet waren, zu ihrer endlichen Vereinigung, und nun zeigt sich, daß dieses Auffrischen einer ehemals lebendig wahren Beziehung, durch hinzutretende Personen und Umstände sich als Selbsttäuschung ergibt. Der Wille ist gebunden, das Gesetz der Gesellschaft wie andererseits das der Naturnothwendigkeit widerstrebt — die tragische Lösung ist unausweichlich. Dieß wiederum das Schema des Romans.

Während Werther in der vertiefenden Empfindung als Intuition erscheint, Wilhelm Meisters Lehrjahre in der breiten, episch behaglichen Ausbreitung die Expansion darstellen, hat Goethe in den Wahlverwandtschaften ein Muster der Composition gegeben. Hier ist Alles straff zusammengeschlossen. Es ist ein Aufgang, allmälig und streng, bis zur Peripetie, und von da der strenge Niedergang bis zum Schluß. — Schon die Exposition stellt Personen, Schauplatz und Stimmung, wie mit Einem Schlag vor uns auf. Die alten jungen Eheleute bosseln im Garten. Es ist Bosselei und Spielerei, wenn auch im Großen, es ist nur sich selbst verläugnender Müßiggang. Man hat in sich selbst keine Quelle des Lebens und Thuns und äußerlich keine Nöthigung zur Thätigkeit. Es ist durchaus erforderlich, daß diese Gestalten keinerlei Beruf haben, als zu leben; aller Lebensbedarf ist von selbst da; und wie Werther und Wilhelm Meister abgelöst von allen Familienbeziehungen sind, um sich als Individuen

auszuleben, ist man hier frei von jeder Berufsthätigkeit und
dadurch in die Lage versetzt, dem Empfindungsleben allein
nachzugehen. Wenn eine Leidenschaft sich aufthut, man kann
ihr den ganzen Tag widmen, und es läßt sich auf mehrere
Figuren anwenden, was Therese (Wilhelm Meister Buch 7,
Cap. 6) von Lydia sagt: „sie hat gelernt, Leidenschaften als
Bestimmung anzusehen." — Man möchte es gern als eine
Ironie betrachten, wenn Goethe einmal den Kreis, in den er
uns hier einführt, die „vollkommene Gesellschaft" nennt.

Auch in diesem Romane spielt im Hintergrund eine
Kriegszeit mit. Eduard zieht in den Krieg und kehrt „mit
Ehrenzeichen geschmückt, rühmlich entlassen" zurück. Welch
ein Krieg dies war, wird uns nicht gesagt. Hier wäre eine
Betheiligung am Leben außerhalb des geschlossenen Kreises
noch viel störender. Vermöge der straffern Composition sind
hier die Gegensätze einander schroff gegenüber gestellt. Luciane
und Ottilie, Eduard und der Hauptmann, welche in sich
vollendeten Gegensätze! Der Dichter lenkt von allen Seiten
immer wieder auf sein Thema. Er führt das im Ehebruch
lebende Paar ein, wie eine Objectivirung des sich beim Helden
und der Heldin noch im Gedanken Bewegenden. Der Dichter
versäumt nicht, uns immer den geraden und unbeugsamen
Maßstab des Urtheils in die Hand zu geben, so daß alle
Einwürfe, Bedenken und Widrigkeiten die der Leser empfindet,
inmitten der Handlung selbst von einer mitwirkenden Person

ausgesprochen und dadurch abgestumpft werden. Der Mittler
ist der antike Chorus, hier als Fassung des gesunden
Menschenverstandes. Freilich sind alle Derbheiten, Schärfen
und Spitzen sogar im Ausdruck vermieden und umgebogen,
Laster und Sünde sind gesellschaftsunfähige Worte. [1] In
den gegenseitigen Aeußerungen und Erörterungen herrscht
jener Burgfriede des Geistes, der uns im Tasso so wunder=
bar anmuthet; alles laute Geräusch ist weit abgehalten, man
steht gewissermaßen immer über sich selbst, man hat vermöge
der vollendeten Bildung die Kraft, sich ins Allgemeine zu
ergehen, während das Innere stürmisch und subjectiv bewegt
ist. Und eben diese stete Vergegenwärtigung der Kraft, sich
über den Moment zu erheben, verstärkt dann das tragische
Bewußtsein, daß es am Ende doch nicht möglich ist.

[1] Es ist von besonderer Bedeutung, daß Ottilie unmittelbar darauf
stirbt, nachdem der Mittler das ungeschminkte Wort ausgesprochen und es
doch in psychologische Ausgleichung übersetzen wollte (Theil 2, Capitel 18).
„Du sollst nicht Ehe brechen, fuhr Mittler fort, wie grob, wie
unanständig! Klänge es nicht ganz anders, wenn es hieße: Du sollst Ehr=
furcht haben vor der ehelichen Verbindung; wo du Gatten siehst, die sich
lieben, sollst du dich darüber freuen und Theil daran nehmen, wie an
dem Glück eines heitern Tages. Sollte sich irgend in ihrem Verhältniß
etwas trüben, da sollst du suchen es aufzuklären; du sollst suchen sie zu
begütigen, sie zu besänftigen, ihnen ihre wechselseitigen Vortheile deutlich zu
machen und mit schöner Uneigennützigkeit das Wohl der andern fördern,
indem du ihnen fühlbar machst, was für ein Glück aus jeder Pflicht und
besonders aus dieser entspringt, welche Mann und Weib unauflöslich ver=
bindet.

Ganz naturgemäß, und daher ebenso rein kunstgemäß, sehen wir den Hauptmann und Ottilie eine Zeit lang – so zu sagen – abgekehrt. Es wird über sie gesprochen und über sie verhandelt, bis sie uns ihr Antlitz endlich zuwenden, und – da alle echte Dichtung immer wieder symbolisch wird – ist es wie (Thl. 2, Cap. 5) in dem lebenden Bilde, wo Luciane sich mit dem Rücken zeigt und ihr zugerufen wird, sie möge sich umwenden.

Es ist von großer Wirksamkeit, um die Theilnehmung des Lesers und seine Aufmerksamkeit zu erwecken, durch Personen, die innerhalb der Dichtung stehen, auf bedeutsame Persönlichkeiten vor ihrem Auftreten hinzuweisen. Wie im Leben, wird es aber dann der angekündigten Persönlichkeit besonders schwierig, nachdem durch Vorhersagung in bestimmter Richtung gespannt wurde, solche zu erfüllen und noch gar zu übertreffen, oder auch einseitige wohlwollende oder mißwollende Betrachtnahmen auf ihr gerechtes Maß zurückzuführen. Die Meisterschrift Goethe's vermag dem nachzukommen.

Es herrscht hier die strengste Oekonomie. Alles zufällige, folgenlose Hereinragen von Gestalten und Verhältnissen ist ausgeschieden, Alles wirkt nothwendig mit. Es ist wie ein Sonnensystem, aus dem kein Weltkörper herausfallen kann. Es kann als Zeugniß angesehen werden, wie sehr sich Goethe bei Abfassung der Wahlverwandtschaften des freien künstlerischen Gehabens bewußt war, daß er die ästhetischen Gesetze

mitten in die Geschichte einflicht. So beginnt der zweite
Theil: „Im gemeinen Leben begegnet uns oft, was wir in
der Epopöe als Kunstgriff des Dichters zu rühmen pflegen"
u. s. w. So sehr solche Betrachtungsweise die warme lebendige
Antheilnahme abzukühlen scheint,[1] ist es doch oft auch ein
wirksamer Hebel, den Eindruck der Lebensbegegnisse dadurch
zu steigern, daß man ihre der freien Dichterphantasie ent=
sprechende Steigerung und Abrundung betont.

Selbst der Architekt und der Schullehrer wirken hier
nothwendig mit; sie zeigen die Wirkungen der im Mittel=
punkte stehenden Personen — namentlich Ottiliens — rück=
wärts in der Vergangenheit und in der bewegten Gegenwart.
Alle Unterhaltungen, alles Bilderbesehen und Musikmachen
ist nur der fruchtlose Versuch, seinem Selbst und seinem
Schicksale zu entgehen.

Man könnte sagen, es werden auch in den Seelen
die vielgestaltigen bunten Feuerwerkskörper gefüllt und
vorbereitet, wie sie dann auch äußerlich in der Katastrophe
abbrennen.

So ist die Construction dieses Werkes die künstlerisch
streng bemessenste. In der Spannung ist jene überraschende
Schraubenkraft angewendet, vermöge deren sich nochmals eine

---

[1] Auch im Wilhelm Meister (Buch 1, Capitel 15) heißt es: „Was nur
in Romanen und Komödien vorzugehen pflegt, sah er hier in einer un=
angenehmen Gerichtsstube vor seinen Augen."

Drehung ergibt, wo man bereits Alles festsitzend glaubt.[1]
Das Kunstgemäße und die Kraft des Dichters zeigt sich im
Drama, wie im Epos besonders auch in dem Bemessen des
jenigen, was er hinter die Scene verlegt und was er vor
unsern Augen abspielen läßt. Es geschieht oft, daß Unfähig
keit oder Furcht vor Unzuträglichkeit eine schwierige und ge-
fährliche Ueberleitung dadurch umgeht, daß bei einem neuen
Capitel eine vollendete Thatsache erscheint, deren Genesis und
Abschluß gerade das Wichtigste ist.

Dagegen schreckt der Dichter nicht davor zurück, das
künstlerisch kaum Darstellbare zu erfassen. In der Peripetie
hat der Dichter ein Wagniß versucht, das an die äußersten
Grenzen der Kunst geht. Er verfolgt rücksichtslos das Problem
der Willensfreiheit. Hier tritt ihm wieder die Strenge des
Naturforschenden entgegen, der sich nicht davon abwenden darf,
selbst in das was sich allem Forscherblicke entziehen will, hinein-
zudringen. In der That hat hier Goethe — abgesehen von
der gedoppelten Aehnlichkeit in der Gesichtsbildung des Kindes,
die sogar Ottilie und der Hauptmann bemerken, als ob sie
selber eine Vorstellung ihrer eigenen Erscheinung hätten —

---

[1] Auch sprachlich mag darauf hingedeutet werden, daß der Dichter
den Schluß der Wahlverwandtschaften ganz im Präsens erzählt; auch sonst
wird in hastigen stürmisch bewegten Scenen das Präsens statt des sonst
gebrauchten Imperfects eingesetzt. Das Präsens ist hier die Sprache der
innern Bedrängniß und Selbsttheilnahme des Erzählers.

seine sichere Meisterschaft bewiesen. Der Dichter gleicht dem Alpenführer, der uns über steile Spitzen und Schrofen ge= leitet: bei einem gefahrvollen abgrundbrohenden Punkte faßt der Führer mit starkem Griff den Wandersmann und reißt ihn hinüber, er läßt ihn nicht verweilen, erklärt ihm nicht: hier ist ein gefährlicher, ein heikler Punkt! Er zieht ihn darüber weg und erst drüben gibt er zu verstehen: da war's nicht geheuer! Jetzt aber geht's wieder gemächlich bis an's Ziel.

Naturgemäß geht die Abwickelung eines Conflictes viel rascher vor sich als die Aufwickelung. Ein Stein, langsam zum Gipfel des Berges emporgetragen, rollt losgelassen schnell und um so schneller abwärts, je näher er dem Thale kommt. So ist es auch, daß Lösung und Schlichtung dichterisch auf= geworfener Conflicte im Verhältniß zur Schürzung ungemein rasch vor sich geht. Gemäß der Natur des in den Wahlver= wandtschaften behandelten Thema's, vermag die große Künst= lerkraft des Dichters den raschen Verlauf zum tragischen Schlusse so anzuhalten, daß noch Ruhe genug zu einläßlicher Erkennt= niß und Ausklärung und zur Beantwortung aller wesentlichen Fragen gewonnen wird.

So abgerundet und in sich beschlossen nun auch dieses Werk vor uns steht, so bleibt doch am Schlusse die Verwen= dung des kirchlichen Apparates und der Hinweis auf die per= sönliche Auferstehung, rein künstlerisch betrachtet, durchaus fremd und äußerlich.

Der Dichter hat ganz jene anfängliche Aufnahme ver
gessen, in der er Wirkung und Gegenwirkung der Kräfte
unter dem Gesichtspunkte der Naturkräfte und ihres Gesetzes
der Nothwendigkeit erfaßte.

Es war dem gewöhnlichen Sinne schwer zu deuten, wie
das Tragische nicht zum einfach Traurigen wird, indem eine
Empfindung sich erfüllt und in sich auslebt. Der Dichter
hilft sich mit einem ganz außerhalb der Vorgänge und Cha-
raktere wirkenden Motiv.

Der Gedanke der Unsterblichkeit, der Glaube an's Jen-
seits wirkt nicht inmitten der Handlung, ist nicht im We-
sen der Charaktere begründet. Wenn auch in Ottiliens
Tagebuch sich ein fast wörtlich ähnlicher Ausspruch findet,
wie hier der Schlußsatz des Werkes, so war jener Gedanke
doch nirgends ein Agens; er unterbricht keine Leidenschaft
und bereitet keinerlei Resignation, er steht innerlich zu-
sammenhanglos nur als Stimmung da. Wenn der Dichter
nun schließt: „Welch ein freundlicher Augenblick wird es
sein, wenn sie (Eduard und Ottilie) dereinst wieder zusam-
men erwachen,“ so fehlt uns die feste Vorstellung wie dies
sein könnte, ohne nochmals den Conflict aufzunehmen. Und
gräßlich verschlungen kettet sich hieran die Frage: wie wird
Otto, das arme Kind mit dem Doppelgesichte, das in Folge
der leidenschaftlichen Scene zwischen Eduard und Ottilie in
den Tod sank, wie wird das Kind erwachen? wohin sich

wenden? Der Dichter gibt hier keine bestimmte Antwort und will keine geben . . .

Der Schlußakkord ist mehr ein allgemein musikalischer als ein faßlich ideeller und thatsächlicher.

Schiller hatte sich für seine späteren Lebenstage vorge=
setzt, eine Geschichte der Römer zu schreiben, sein Sinn war immer auf das historisch Große, Gesammte gerichtet. Goethe baute in Allem seine große Subjectivetät aus. Er gab uns damit ein volles normgiltiges Menschenbild und zuletzt noch ein ganzes Leben eines vollen Menschenalters. — Es be=
dürfte einer weitern Ausführung, um zu zeigen, welch eine große künstlerische Kraft Goethe in „Wahrheit und Dichtung" bewährt.

„Wo ist der Mittelpunkt der Welt?" wurde ein Weiser gefragt. — „Wo du stehst," war die Antwort. — Goethe hat den ganzen Horizont seiner Zeit, eben von seinem Stand=
punkte aus, künstlerisch fixirt.

Zu der Darstellung seines Lebensganges, seiner künst=
lerischen und persönlichen Selbstführung, hat Goethe die große Schwierigkeit überwunden, sich selbst weder zu unterschätzen noch zu überschätzen, sondern gerecht zu sein gegen sich und sein Zeitalter. Er war der Erste, der die Imponderabilien des Geisteslebens, die in der Völkergeschichte wirken, zu fassen

vermochte, und so hat er auch der Kunst der Historie fri schen, lebensvollen und lebenswarmen Inhalt gegeben. In seinem Wirken wie in seinem Sein war er eine Quelle geschichtlichen Lebens. Während er sich in seinen Romanen nach den verschiedensten Seiten hin exclusiv hielt, künstlerisch, indem er nur die dem Thema zuwirkenden Kräfte einführte, das Leben, das er hier gab, sorgfältig abhob von der Luft der Zeit — abgesehen von Werther und einigen Probukten der Verstimmung — während er hier so zu sagen auf einem eigenthümlichen Goldgrund malte, der nichts von dem allgemeinen Witterungswechsel des Zeitlebens aufzeigt: hat er in seiner Lebensgeschichte den gesammten Horizont der Periode aufgeschlossen und die in der Luft sich bewegenden Natur= und Bildungselemente der Geschichte festgehalten. —

Eine Trias erhabener Geister hat auch auf Goethe eingewirkt und er bekennt sich als deren Jünger. Homer wird schon im Werther unter der Linde aber= und abermals gelesen; er ist für Werther=Goethe das einzige Buch, das unter freiem Himmel gelesen werden kann, und in der Dichtung selbst erkennen wir jene sachlich treffende Darstellung Homers, die Natur= und Menschenleben mit freiem Blick erfaßt und festhält. In Wilhelm Meister wird die tiefe Nachwirkung aus dem Einblicke in die Shakespeare'sche Welt aufgezeigt. Unausgesprochen in den Wahlverwandtschaften und ausgesprochen in „Wahrheit und Dichtung" wird die alles begreifende Weltanschauung oder wie es Goethe nennt (B. 14) „die alles ausgleichende Ruhe" Spinoza's bekannt. Neben Homer, Shakespeare und Spinoza glänzt im Sonnensystem der Geister der Stern Goethe im ureigenen ewig leuchtenden Glanze, und so oft wir uns in seinen Strahlenkern versenken und die Welt umher in seinem Lichte betrachten, klingt es in uns wieder:

„Und wenn mich am Tag die Ferne
Blauer Berge sehnlich zieht,
Nachts das Uebermaß der Sterne
Prächtig mir zu Häupten glüht,

Alle Tag' und alle Nächte
Rühm' ich so des Menschen Loos;
Denkt er ewig sich in's Rechte,
Ist er ewig schön und groß!"